HAST DU IHM WIEDER DEINEN VORTRAG GEHALTEN, WER HIER DER HERR IM HAUS IST?

ULI STEIN

# Mach Platz!

Lappan

**Uli Stein,** 1946 geboren, ist der erfolgreichste und bekannteste Cartoonist Deutschlands. Nach dem Abi studierte er Pädagogik, entschied sich aber kurz vor dem Staatsexamen gegen eine Beamtenlaufbahn und begann zu fotografieren und zu schreiben. Seine Nonsens- und Satirentexte bescherten ihm eine eigene Sendung beim Saarländischen Rundfunk, bevor er eher nebenbei entdeckte, dass er die Pointen seiner komischen Einfälle mit dem Zeichenstift schneller auf den Punkt bringen konnte als mit vielen Worten. So entstanden seine ersten Cartoons, deren Figuren im Laufe der Jahre zu den unverwechselbaren Charakteren wurden, die heute Millionen Menschen kennen und lieben. Seine Cartoons erschienen zuerst in Zeitungen und Zeitschriften, danach in Büchern und auf zahlreichen Produkten. Allein im deutschsprachigen Raum sind mehr als elf Millionen Cartoonbücher von Uli Stein verkauft worden. Viele der Bücher, die nicht selten in den Bestsellerlisten zu finden sind, sind in andere Sprachen bis hin nach China und Korea übersetzt worden. Uli Stein lebt und arbeitet in der Nähe von Hannover.

4. Auflage 2011


Postfach 3407 · D-26024 Oldenburg
**www.lappan.de**

Printed in Italy
ISBN 978-3-8303-6178-7


Postfach 101969 · D-30840 Langenhagen · Fax 05 11 / 7 26 16-47
**www.catprint.de**

Uli Stein im Internet:
**www.ulistein.de**

Der Lappan Verlag ist ein Unternehmen
der Verlagsgruppe Ueberreuter, Wien.

SICHER, WIR MÖGEN BEIDE KEINE KATZEN, ABER DAS IST DOCH KEINE BASIS FÜR EINE BEZIEHUNG?
ABER ES WÄRE DOCH SCHON MAL EIN ANFANG?

ICH WÜNSCHTE ER WÜRDE SEIN REVIER MARKIEREN WIE ANDERE HUNDE AUCH...

WENN ICH "MÖPSE" EINGEBE, BEKOMME ICH NUR SO WAS ANGEZEIGT...
NA, DA SOLLTEST DU MAL SEHEN, WAS ICH IMMER KRIEGE, WENN ICH NACH "SCHWEINKRAM" SUCHE!

VIELLEICHT SOLLTEN WIR IHM DOCH WIEDER ERLAUBEN, SEINE KNOCHEN IM GARTEN ZU VERGRABEN...

WENN DAS HIER DIE ABTEILUNG BELLETRISTIK IST, WIESO FINDE ICH KEINE HUNDEBÜCHER?

IST NICHT LUXUS PUR, ABER FIND HEUZUTAGE MAL WAS IN KATZENFREIER LAGE...
Untermieter gesucht

ER HAT EINE TASCHENLAMPE VERSCHLUCKT!
Dr.Weber
Tierarzt
NOTDIENST

WIR DÜRFEN IN UNSERER MIETWOHNUNG
KEINE HAUSTIERE HALTEN UND MÜSSEN UNS MIT
EINEM KIND BEHELFEN...

H
D

MARTHA!! DEIN HUND!!
WAS SOLL ICH TUN?
TÄUSCH EINFACH
EINEN ORGASMUS VOR...

ES HAT DAS
GEWISSE ETWAS!
MIR SAGT´S GAR NICHTS!
SEH ICH AUCH SO!

AHA -DA IST ALSO BEI IHM HINTEN!
UND WENN ER SICH ÜBERGEBEN HAT?

SILVESTER MISCHEN WIR IHM IMMER KONFETTI UNTER SEINEN PANSEN...

MEIN TERMINKÄRTCHEN VERBASELN SIE DOCH SOWIESO...
Nächste Impfung: 13.10.

BRAV!
MACH SCHRAUB!
TATSÄCHLICH -
ER REPARIERT
AUFS WORT!

Sodom
1 Km

ICH FÜTTERE IHN MIT VIERFACHEN PORTIONEN NUR SO LANGE, BIS ERWIN DAS LOCH IM ZAUN REPARIERT HAT...

UNTERSTEHEN SIE SICH, MEINE TOILETTE ZU BESCHÄDIGEN!!
SIE HABEN DOCH WOHL NICHT VOR, AN MEIN BAUMATERIAL ZU URINIEREN ?!?

OH NEIN - NICHT SCHON WIEDER CHINESISCHE REISTAFEL...

ACH, IST DER SÜSS! DARF ICH IHN MAL STREICHELN?
NA KLAR...

WAS HEISST "JA UND NEIN"? FUNKTIONIERT DIE NEUE HUNDEPFEIFE NUN ODER NICHT?

SCHNUPPERN
5 EURO!

Ich darf mein Revier nicht am Kartenständer markieren!
Ich darf mein Revier nicht am Kartenständer markieren!
Ich darf mein Revier nicht am Kartenständer markieren!
Ich darf nicht
Kartenständer
FERTIG!
GUT! UND JETZT AUFWISCHEN!

FÜR DEN HUND IST WIE BISHER DIE KLEINE KLAPPE, ABER ERWIN MUSS JA AUCH IRGENDWIE REINKOMMEN...

SEIN NEUER MIKROCHIP
DIENT NICHT NUR DER IDENTIFIKATION,
ER SPEICHERT AUCH 200
DIGITALFOTOS...

WENN ES EINE TÖLENOVELA IST, WO SIND DANN DIE HUNDE?
ICH HAB GLEICH GESAGT, ES IST EIN DRUCKFEHLER!

MERKWÜRDIG: SEIT
ICH MICH AM BEIN VERLETZT HABE
IST ES MIT MEINER SCHWERHÖRIGKEIT
BESSER GEWORDEN!

UND? WIE MACHT ER SICH AUF DER HUNDESCHULE?
SUPER! IM LEISTUNGSKURS "ERFOLGREICHES BETTELN BEI TISCH" IST ER KLASSENBESTER!

ERWIN - WACH AUF!
ICH GLAUBE, DER HUND
HAT ANGESCHLAGEN!

WAS FÜR EINE KÖRBCHENGRÖSSE SOLL ES DENN SEIN?
ICH HAB NULL AHNUNG. ABER ICH HÄTTE HIER EIN FOTO...
TYPISCH MANN!

H

ICH BIN MIT CARLO GASSI,
ER MACHT GERADE SEIN
KLEINES GESCHÄFT ...

LASS DICH NICHT VON
SEINEM POKERFACE TÄUSCHEN -
ER SABBERT!

ER IST SCHON ALT UND HAT KEINE ZÄHNE MEHR, ABER MAN SOLLTE IHN NICHT UNTERSCHÄTZEN!

SCHON WIEDER SIEBEN JAHRE VORBEI! KAUM ZU GLAUBEN, WIE DIE ZEIT VERGEHT!

# VIEL SPASS MIT Uli Stein

**Uli Stein Erwin und Martha**
ISBN 978-3-8303-3267-1

**Uli Steins TIERLEBEN**
ISBN 978-3-8303-3173-5

**Schnurrr ...**
ISBN 978-3-8303-3175-9

**Männer!** ISBN 978-3-8303-4120-8

**Frauen** ISBN 978-3-8303-4121-5

**Das Uli Stein Sparbuch**
ISBN 978-3-8303-3246-6

**Tagebuch III**
ISBN 978-3-8303-3255-8

Alle Bücher unter: **www.lappan.de**
und noch mehr Infos unter **www.ulistein.de**